CÉLINE MENNETRIER

j'adore !

Les gâteaux invisibles

super légers, moins de pâte, plus de fruits

Photographies : Guillaume Czerw
Stylisme : Sophie Dupuis-Gaulier

SOLAR
EDITIONS

L'édito

J'adore les gâteaux invisibles ! À base de fruits, ils sont frais, légers et fondants. À la cuisson, la pâte qui s'apparente à celle d'un clafoutis avec ses œufs, son lait, sa farine et son sucre (mais en bien moindre quantité !) s'oublie pour laisser toute la saveur des fruits s'exprimer. À base de légumes, ces gâteaux offrent une nouvelle alternative aux gratins parfois trop lourds et trop riches.

Avec les gâteaux invisibles, laissez-vous porter par les saisons. Aux beaux jours, les pêches, les nectarines et les fruits rouges ensoleilleront ces jolis gâteaux. Avec l'arrivée de l'automne, vous vous amuserez des poires et des coings. En hiver, vous aurez plaisir à couper en fines lamelles les légumes-racines que l'on ne sait pas toujours comment cuisiner.

Variez les farines, utilisez des sucres naturels et des laits végétaux, troquez le beurre par de l'huile d'olive ou des purées d'oléagineux !

Jouez avec la saveur des fruits et des légumes et associez-leur la douceur de la vanille, de la fève tonka, de la cannelle ou de l'eau de rose, la fraîcheur des herbes, le piquant du poivre, de l'ail ou du gingembre, la chaleur de la coriandre ou du cumin, le croquant des amandes et des noisettes...

Enfin, admirez se dessiner au moment de couper des parts de gâteaux invisibles, les fines lamelles de fruits ou de légumes. C'est beau comme un mille-feuilles ! Mais un mille-feuilles gourmand et sain...

Les gâteaux invisibles, *j'adore !*

Céline Mennetrier

Qui suis-je ?

Je suis auteur et créatrice culinaire indépendante pour la presse et des marques. Ce que j'aime ? Les bons produits bio, locaux et de saison, les céréales et les épices pour des recettes maison familiales simples, saines et gourmandes ! Cuisinière du quotidien, je partage également recettes et coups de cœur sur mon blog artichautet-cerisenoire.fr qui rencontre un franc succès depuis 2011.

j'adore…

La recette en or de l'invité
HERVÉ CUISINE

Gâteau invisible breton

POUR 8 PERSONNES

Préparation : 15 min

Cuisson : 45 min

Matériel

Moule rond de 20 cm de diamètre

6 pommes
2 œufs
50 g de cassonade
30 g de beurre demi-sel
100 ml de lait
30 g de crème fraîche épaisse légère
75 g de farine
50 g de pralin en poudre
2 cuil. à soupe de calvados
1 sachet de levure chimique

Pour le dressage (facultatif)

Caramel au beurre salé
Noisettes grillées

Battez le lait, la crème fraîche, les œufs, le beurre fondu et le calvados dans un grand bol.

Ajoutez les ingrédients secs : cassonade, farine, pralin en poudre et levure. Mélangez pour obtenir une pâte homogène.

Découpez en fines lamelles, à l'aide d'une mandoline, les pommes préalablement épluchées et coupées en quarts.

Mélangez délicatement les lamelles de pomme à la préparation et répartissez dans le moule légèrement beurré. Enfournez pour 45 minutes à 190 °C (th. 6-7).

À la sortie du four, laissez refroidir totalement votre gâteau avant de le servir. Si vous le souhaitez, parsemez de noisettes grillées et de caramel au beurre salé.

Hervé cuisine

www.hervecuisine.com

Hervé Palmieri a créé en 2007 son site, Hervé Cuisine (www.hervecuisine.com). Sa chaîne YouTube, sur laquelle il publie chaque semaine les vidéos de ses recettes, réalisées dans sa cuisine, reçoit plus de 1 million de visites par mois. Vous pouvez aussi le retrouver sur Facebook, Twitter, Instagram et sur son appli Hervé Cuisine.

… les gâteaux invisibles : pour commencer

Les ustensiles

1 Des bols pour les pesées.

2 Une mandoline pour trancher très finement les fruits et les légumes (ou un couteau à longue lame bien aiguisée).

3 Une petite casserole pour faire fondre le beurre.

4 Un grand saladier pour préparer la pâte du gâteau.

5 Des cuillères à café et à soupe pour doser les épices, le sel, l'huile... Procurez-vous dans le commerce un jeu de cuillères doseuses !

6 Un fouet et une cuillère en bois pour mélanger.

7 Un couteau éplucheur et un couteau d'office pour préparer, peler et émincer les fruits et les légumes.

8 Un verre doseur et une balance de cuisine.

9 Des moules en verre ou en porcelaine à cake, ronds et carrés, et des moules à muffins ou des ramequins.

Les conseils

Le gâteau invisible est un gâteau qui contient un maximum de fruits ou de légumes coupés en fines lamelles et un minimum de pâte. Quand on les mélange, pâte et fruits (ou légumes) ne font plus qu'un ! À la cuisson, la pâte à gâteau s'oublie pour laisser toute la saveur des fruits et des légumes s'exprimer… C'est sain et savoureux, beau et fondant.

Une pâte légère

La pâte s'apparente à une pâte à clafoutis. Moins d'œufs, de farine et de sucre la rendent légère pour un maximum de plaisir. La gourmandise est au rendez-vous ! Pour les versions salées du gâteau invisible, on use et abuse d'épices et d'herbes aromatiques. Pour les fondus de fromage, on en ajoute selon son envie.

À la cuisson, la pâte à gâteau s'oublie pour laisser toute la saveur des fruits et des légumes s'exprimer…

De savoureux fruits et légumes

Si la pomme et la poire sont les compagnons idéaux du gâteau invisible, la nectarine, la mangue, l'ananas et la banane conviennent aussi. En version salée, tous les légumes qui peuvent se couper en fines tranches viennent aisément le garnir : pommes de terre, courge butternut, carottes, champignons de Paris, courgettes, panais, rutabagas… Associés les uns aux autres, savoureusement épicés, les fruits comme les légumes apporteront, en plus, des vitamines, des minéraux et des fibres.

Des lamelles bien fines

Pour obtenir un très joli résultat et voir nettement apparaître les lamelles de fruits (ou de légumes) quand on coupe le gâteau, il faut de fines tranches bien régulières. La solution ? La mandoline ! Réglez-la à 2 mm et tranchez les fruits et les légumes plutôt dans le sens de la longueur. On peut aussi utiliser un couteau parfaitement aiguisé pour trancher des lamelles les plus fines et plus régulières possible. Pour garantir un résultat optimal, choisissez des fruits et des légumes fermes qui résisteront mieux à la découpe.

Bien à plat dans le moule

Beurrez et farinez le moule ou chemisez-le de papier cuisson. Disposez les lamelles de fruits et de légumes bien à plat pour une jolie découpe. Tassez du bout des doigts et lissez avec le dos d'une cuillère.

Une longue cuisson

Le gâteau invisible se cuit au centre du four préchauffé à chaleur tournante à 190 °C (th. 6-7) pendant une petite heure. En cours de cuisson, si la surface du gâteau vous paraît trop brune, recouvrez-le d'une feuille de papier aluminium. À la fin de la cuisson, plantez la lame d'un couteau au centre du gâteau : si elle s'enfonce facilement, les fruits (ou les légumes) sont assez tendres. Dans le cas contraire, poursuivez la cuisson de 5 à 10 minutes.

Un démoulage délicat

Pour des parts faciles à couper et un joli résultat visuel, il convient d'attendre le complet refroidissement du gâteau avant de le démouler. Pour les versions salées, le gâteau peut se déguster chaud ou tiède. Dans ce cas, présentez-le plutôt dans son moule de cuisson.

La recette-leçon, pas à pas : pomme-vanille

POUR 6 PERSONNES

Préparation : 30 min

Cuisson : 50 min

Réfrigération : 2 h

Matériel

Moule rond de 20 cm de diamètre

1 kg de pommes (ariane, gala, golden, jonagold jonagored, Pink Lady®, pomme du Limousin AOP)

1 gousse de vanille

25 g de beurre + un peu pour le moule

2 œufs

85 g de sucre de canne blond

80 g de farine de blé T65

15 cl de lait

Pour le dressage

Sucre glace

À l'aide d'un couteau, coupez la gousse de vanille en 2 dans le sens de sa longueur. Raclez l'intérieur de chaque demi-gousse avec le dos de la lame du couteau pour en extraire les graines. Faites fondre le beurre à feu doux dans une petite casserole, puis laissez-le tiédir (*step 1*).

1

Dans un grand saladier, fouettez les œufs avec 60 g de sucre. Ajoutez la farine et les graines de vanille. Mélangez jusqu'à l'obtention d'une pâte homogène. Délayez avec le lait petit à petit pour obtenir une pâte sans grumeaux. Ajoutez le beurre fondu et remuez de nouveau (*step 2*).

Préchauffez le four à 190 °C (th. 6-7). Pelez les pommes, coupez-les en 4 et retirez le trognon. À l'aide d'une mandoline ou d'un couteau bien aiguisé, tranchez les pommes dans le sens de la longueur en lamelles de 2 mm d'épaisseur. Incorporez-les au fur et à mesure à la pâte en remuant délicatement : les lamelles s'enrobent de pâte (*step 3*).

Beurrez le moule et saupoudrez-le du reste de sucre. Versez les lamelles de pomme enrobées de pâte dans le moule et lissez avec le dos d'une cuillère. Enfournez pour 50 minutes. Vérifiez la cuisson avec la pointe d'un couteau : la lame s'enfonce facilement si les pommes sont tendres (*step 4*).

Faites refroidir le gâteau à température ambiante avant de le démouler, puis conservez-le au réfrigérateur (au moins 2 heures). Au moment de servir, saupoudrez le gâteau de sucre glace et présentez-le dans son plat de service ou en parts individuelles (*step 5*).

Notes

Remplacez les graines de vanille par une cuillère à café de cannelle ou de gingembre en poudre.

½ cup (4oz)

... les sucrés des beaux jours

Pink Lady® à la rose

POUR 8 PERSONNES

Préparation : 20 min

Cuisson : 50 min

Réfrigération : 2 h

Matériel

Moule à cake de 28 x 10 cm

Sans gluten

1 kg de pommes Pink Lady®

2 œufs

90 g de sucre de canne blond

2 cuil. à soupe de purée d'amandes blanches

80 g de fécule de maïs

10 cl de lait (ou de lait d'amande)

3 cuil. à soupe d'eau de rose alimentaire

Un peu de beurre pour le moule

Pour le dressage

Sucre glace

Dans un grand saladier, fouettez les œufs avec 65 g de sucre et la purée d'amandes. Ajoutez la fécule et mélangez jusqu'à l'obtention d'une pâte homogène. Délayez avec le lait petit à petit pour obtenir une pâte sans grumeaux. Ajoutez l'eau de rose et remuez de nouveau.

Préchauffez le four à 190 °C (th. 6-7). Pelez les pommes et évidez-les avec un vide-pomme. À l'aide d'une mandoline ou d'un couteau bien aiguisé, tranchez les pommes en rondelles de 2 mm d'épaisseur. Incorporez-les au fur et à mesure à la pâte en remuant délicatement : les rondelles s'enrobent de pâte.

Beurrez le moule et saupoudrez-le du reste de sucre. Versez les rondelles de pomme dans le moule, tassez et lissez avec le dos d'une cuillère. Enfournez pour 50 minutes. Vérifiez la cuisson avec la pointe d'un couteau : si elle s'enfonce facilement, les pommes sont assez tendres.

Faites refroidir le gâteau à température ambiante avant de le démouler, puis conservez-le au réfrigérateur (au moins 2 heures).

Au moment de servir, saupoudrez le gâteau de sucre glace.

Notes

Vous pouvez remplacer l'eau de rose par la même quantité d'eau de fleur d'oranger. Ou encore par du rhum, du Grand Marnier®, un muscat de Rivesaltes...

Pêche à la fève tonka

POUR 6 PERSONNES

Préparation : 20 min

Cuisson : 1 h

Matériel

Moule carré de 20 cm de côté

Sans gluten

1 kg de pêches blanches ou jaunes

50 g de beurre + un peu pour le moule

½ fève tonka

2 œufs

80 g de sucre de canne blond

60 g de poudre d'amandes

40 g de fécule de maïs

10 cl de lait d'amande (ou de lait)

Pour le dressage

40 g d'amandes entières

Faites fondre le beurre à feu doux dans une petite casserole, puis laissez-le tiédir. À l'aide d'une râpe à microlame, râpez une demi-fève tonka.

Dans un grand saladier, fouettez les œufs avec 60 g de sucre. Ajoutez la poudre d'amandes, la fécule de maïs et la fève tonka râpée. Mélangez jusqu'à l'obtention d'une pâte homogène. Délayez avec le lait petit à petit pour obtenir une pâte sans grumeaux.

Préchauffez le four à 190 °C (th. 6-7). Pelez et coupez les pêches en quartiers après avoir ôté leurs noyaux. À l'aide d'une mandoline ou d'un couteau bien aiguisé, tranchez les pêches dans le sens de la longueur en lamelles de 2 mm d'épaisseur. Incorporez-les au fur et à mesure à la pâte en remuant délicatement : les lamelles s'enrobent de pâte.

Beurrez le moule et saupoudrez-le du reste de sucre. Versez la préparation dans le moule, tassez et lissez avec le dos d'une cuillère. Enfournez pour 1 heure. Vérifiez la cuisson avec la pointe d'un couteau : si elle s'enfonce facilement, les pêches sont assez tendres.

Faites refroidir le gâteau à température ambiante avant de le démouler, puis conservez-le au réfrigérateur jusqu'au moment de servir.

À l'aide d'un couteau, concassez les amandes et disposez-les sur une plaque à pâtisserie. Faites-les torréfier de 5 à 8 minutes dans le four préchauffé à 180 °C (th. 6) : les amandes vont se colorer légèrement.

Au moment de servir, saupoudrez le gâteau d'amandes torréfiées.

Notes

La fève tonka est la graine contenue dans les fruits du teck brésilien. Noire, oblongue, un peu ridée, cette fève s'utilise râpée au dernier moment pour parfumer les desserts : crème anglaise, mousse au chocolat, compote de pommes, gâteaux… L'arôme de la fève tonka est assez complexe, mais tellement envoûtant ! Sa saveur évoque à la fois la vanille, l'amande douce, le foin coupé, le caramel.

Nectarine framboise, crumble croquant à l'anis

POUR 8 PERSONNES

Préparation : 30 min

Cuisson : 1 h

Réfrigération : 2 h

Matériel

Moule rond de 22 cm de diamètre

1 kg de nectarines
250 g de framboises
2 œufs
100 g de sucre de canne blond
100 g de purée d'amandes blanches
60 g de farine de blé T65
30 g de semoule de blé fine
½ cuil. à café de graines d'anis vert
10 cl de lait
Un peu de beurre pour le moule

Pour le crumble

80 g d'amandes entières
½ cuil. à café de graines d'anis
100 g de farine de blé T65
80 g de sucre de canne blond
80 g de beurre

Dans un grand saladier, fouettez les œufs avec 75 g de sucre et la purée d'amandes. Ajoutez la farine, la semoule de blé et les graines d'anis. Mélangez jusqu'à l'obtention d'une pâte homogène. Délayez-la avec le lait petit à petit pour obtenir une pâte sans grumeaux.

Préchauffez le four à 190 °C (th. 6-7). Lavez les nectarines. À l'aide d'une mandoline ou d'un couteau bien aiguisé, tranchez les nectarines en rondelles de 2 mm d'épaisseur. Incorporez-les au fur et à mesure à la pâte en remuant délicatement : les tranches s'enrobent de pâte.

Beurrez le moule et saupoudrez-le du reste de sucre. Versez la moitié de la préparation dans le moule et recouvrez-le d'une couche de framboises coupées en 2, puis versez le restant de la préparation, tassez et lissez avec le dos d'une cuillère à soupe. Enfournez pour 30 minutes.

Pendant ce temps, préparez le crumble : commencez par hacher les amandes. Dans un saladier, mélangez les amandes concassées et les graines d'anis, la farine et le sucre. Ajoutez le beurre froid coupé en petits morceaux et mélangez du bout des doigts. Lorsque la pâte commence à s'amalgamer, travaillez-la de manière à conserver de petits morceaux. Parsemez le crumble sur une plaque recouverte de papier cuisson.

Réduisez la température du four à 180 °C (th. 6), enfournez la plaque de crumble et poursuivez la cuisson 30 minutes, le temps que le gâteau finisse de cuire et le crumble de dorer.

Faites refroidir le gâteau à température ambiante avant de le démouler, puis conservez-le au réfrigérateur (au moins 2 heures).

Au moment de servir, saupoudrez le gâteau de crumble croquant.

Pomme au miel et fruits rouges

POUR 8 PERSONNES

Préparation : 20 min

Cuisson : 1 h

Réfrigération : 2 h

Matériel

Moule à cake de 28 x 10 cm

1 kg de pommes (ariane, gala, golden, jonagold jonagored, Pink Lady®, pomme du Limousin AOP)

3 œufs

80 g de miel liquide

3 cuil. à soupe de purée d'amandes blanches

90 g de farine de blé T65

15 cl de lait d'amande (ou de lait)

25 g de sucre de canne blond

Un peu de beurre pour le moule

Pour le dressage

Fruits rouges : fraises, framboises, groseilles, cassis...

Sucre glace

Dans un grand saladier, fouettez les œufs avec le miel et la purée d'amandes. Ajoutez la farine et mélangez jusqu'à l'obtention d'une pâte homogène. Délayez avec le lait petit à petit pour obtenir une pâte sans grumeaux.

Préchauffez le four à 190 °C (th. 6-7). Pelez les pommes, évidez-les avec un vide-pomme. À l'aide d'une mandoline ou d'un couteau bien aiguisé, tranchez les pommes en rondelles de 2 mm d'épaisseur. Incorporez-les au fur et à mesure à la pâte en remuant délicatement : les lamelles s'enrobent de pâte.

Beurrez le moule et saupoudrez-le de sucre. Versez les rondelles de pomme dans le moule, tassez et lissez avec le dos d'une cuillère. Enfournez pour 1 heure. Vérifiez la cuisson avec la pointe d'un couteau : si elle s'enfonce facilement, les pommes sont assez tendres.

Faites refroidir le gâteau à température ambiante avant de le démouler, puis conservez-le au réfrigérateur (au moins 2 heures).

Au moment de servir, décorez le gâteau avec les fruits rouges et saupoudrez-le de sucre glace.

Notes

Comment évider une pomme ? À l'aide d'un couteau économe, piquez la pomme au niveau de la tige et appliquez un mouvement circulaire. Retirez le morceau et faites de même de l'autre côté. Posez la pomme à plat sur le plan de travail. Enfoncez le vide-pomme au centre bien verticalement en le tournant doucement. Retirez délicatement le trognon.

Pomme betterave à la mélasse de grenade

POUR 6 PERSONNES

Préparation : 20 min

Cuisson : 1 h

Réfrigération : 2 h

Matériel

Moule carré de 20 cm de côté

Sans gluten

600 g de pommes (ariane, gala, golden, jonagold jonagored, Pink Lady®, pomme du Limousin AOP, reine des reinettes)

150 g de jeunes betteraves

2 œufs

80 g de sucre de canne blond

2 cuil. à soupe de purée de noisettes

90 g de fécule de maïs

15 cl de lait (ou de lait végétal)

1 cuil. à soupe de mélasse de grenade

½ cuil. à café de vanille en poudre

Un peu de beurre pour le moule

Dans un grand saladier, fouettez les œufs avec 60 g de sucre et la purée de noisettes. Ajoutez la fécule de maïs et mélangez jusqu'à l'obtention d'une pâte homogène. Délayez avec le lait petit à petit pour obtenir une pâte sans grumeaux. Prélevez 2 grosses cuillerées de pâte dans un saladier et ajoutez la mélasse de grenade, puis remuez. Incorporez la vanille dans le grand saladier de pâte et remuez de nouveau.

Préchauffez le four à 190 °C (th. 6-7). Pelez les pommes, coupez-les en 4 et retirez le trognon. À l'aide d'une mandoline ou d'un couteau bien aiguisé, tranchez les pommes en lamelles de 2 mm d'épaisseur. Incorporez-les dans la pâte à la vanille. Pelez la betterave et à l'aide de la mandoline, faites des rondelles de 2 mm d'épaisseur et mélangez-les à la préparation à la mélasse de grenade.

Beurrez le moule et saupoudrez-le du reste de sucre. Versez les tranches de pomme et les lamelles de betterave dans le moule, tassez et lissez avec le dos d'une cuillère. Enfournez pour 50 minutes. Vérifiez la cuisson avec la pointe d'un couteau : si elle s'enfonce facilement, les fruits sont assez tendres.

Faites refroidir le gâteau à température ambiante avant de le démouler, puis conservez-le au réfrigérateur (au moins 2 heures) jusqu'au moment de servir.

Notes

La mélasse de grenade est un sirop épais obtenu après réduction à feu très doux du jus de grenade frais. La mélasse de grenade s'achète dans les épiceries orientales. Si vous n'en trouvez pas, vous pouvez pour cette recette la remplacer par une cuillère à café de vinaigre balsamique.

Pomme et griottes au chocolat

POUR 8 PERSONNES

Préparation : 25 min

Cuisson : 50 min

Réfrigération : 2 h

Matériel

Moule rond de 22 cm de diamètre

850 g de pommes (ariane, golden, jonagold jonagored, Pink Lady®, pomme du Limousin AOP)

500 g de griottes

25 g de beurre

2 œufs

60 g de sucre de canne blond

90 g de farine de blé T65

15 cl de lait

1 cuil. à soupe de cacao

½ cuil. à café de vanille en poudre

75 g de pépites de chocolat

Faites fondre le beurre dans une petite casserole, puis laissez-le tiédir. Rincez, équeutez et dénoyautez les griottes.

Dans un grand saladier, fouettez les œufs avec le sucre. Ajoutez la farine et mélangez jusqu'à l'obtention d'une pâte homogène. Délayez avec le lait petit à petit pour obtenir une pâte sans grumeaux. Ajoutez le beurre fondu et remuez de nouveau. Répartissez la pâte dans deux saladiers. Incorporez le cacao dans une préparation et la vanille dans l'autre.

Préchauffez le four à 190 °C (th. 6-7). Pelez les pommes, coupez-les en 4 et retirez le trognon. À l'aide d'une mandoline ou d'un couteau bien aiguisé, tranchez les pommes en lamelles de 2 mm d'épaisseur. Incorporez la moitié des lamelles dans la pâte au cacao et l'autre moitié dans la pâte vanillée.

Chemisez le moule de papier cuisson. Versez la préparation au cacao dans le moule, recouvrez d'une couche de griottes et de pépites de chocolat, puis versez la préparation à la vanille. Tassez et lissez avec le dos d'une cuillère. Enfournez pour 50 minutes. Vérifiez la cuisson avec la pointe d'un couteau : si la lame s'enfonce facilement, les fruits sont assez tendres.

Faites refroidir le gâteau à température ambiante avant de le démouler, puis conservez-le au frais.

Notes

Hors saison, utilisez des griottes dénoyautées surgelées en prenant bien soin de les égoutter longuement avant la préparation.

Le petit + très gourmand

Au moment de servir, décorez le gâteau de griottes au sirop et de copeaux de chocolat noir.

1½ cup (12oz)

... les sucrés d'automne et d'hiver

Pomme citron

POUR 6 PERSONNES

Préparation : 20 min

Cuisson : 50 min

Réfrigération : 2 h

Matériel

Moule carré de 20 cm de côté

1 kg de pommes

2 citrons jaunes bio

30 g de beurre + un peu pour le moule

2 œufs

95 g de sucre de canne blond

80 g de farine de blé T65 + un peu pour le moule

1 cuil. à soupe de graines de pavot

15 cl de lait

Pour le dressage

1 cuil. à café de graines de pavot

Lavez et essuyez les citrons. À l'aide d'une râpe à microlame, prélevez les zestes, pressez les citrons. Réservez. Faites fondre le beurre à feu doux dans une petite casserole, puis laissez-le tiédir.

Dans un grand saladier, fouettez les œufs avec 75 g de sucre. Ajoutez la farine, la moitié des zestes et les graines de pavot. Mélangez jusqu'à l'obtention d'une pâte homogène. Délayez avec le lait petit à petit pour obtenir une pâte sans grumeaux. Ajoutez le jus de citron et le beurre fondu et remuez de nouveau.

Préchauffez le four à 190 °C (th. 6-7). Pelez les pommes, coupez-les en 4 et retirez le trognon. À l'aide d'une mandoline ou d'un couteau bien aiguisé, tranchez les pommes dans le sens de la longueur en lamelles de 2 mm d'épaisseur. Incorporez-les au fur et à mesure à la pâte en remuant délicatement : les lamelles s'enrobent de pâte.

Beurrez le moule et saupoudrez-le du reste de sucre. Versez les lamelles de pomme dans le moule, tassez et lissez avec le dos d'une cuillère. Enfournez pour 50 minutes. Vérifiez la cuisson avec la pointe d'un couteau : si elle s'enfonce facilement, les pommes sont assez tendres.

Dégustez le gâteau tiède ou faites-le refroidir à température ambiante avant de le démouler, puis conservez-le au frais jusqu'à la dégustation.

Au moment de servir, décorez le gâteau des zestes de citron réservés et de graines de pavot.

Notes

Pour plus d'acidité, remplacez les citrons jaunes par des citrons verts. Et pour une saveur originale, troquez-les pour des bergamotes.

Le petit + très gourmand

Montez 20 cl de crème fleurette en chantilly avec 20 g de sucre glace. Remplissez une poche munie d'une douille cannelée, puis décorez le gâteau de chantilly.

Pomme, poire et amande

POUR 8 PERSONNES

Préparation : 20 min

Cuisson : 55 min

Réfrigération : 2 h

Matériel

Moule à cake de 28 x 10 cm

Sans gluten

500 g de pommes

500 g de poires (comice, conférence, louise-bonne)

2 œufs

85 g de sucre de canne blond

2 cuil. à soupe de purée d'amandes blanches

80 g de fécule de maïs

15 cl de lait d'amande

1 cuil. à soupe de sirop d'orgeat

Un peu de beurre pour le moule

Pour le dressage

30 g d'amandes effilées

Sucre glace

Dans un grand saladier, fouettez les œufs avec 60 g de sucre et la purée d'amandes. Ajoutez la fécule de maïs et mélangez jusqu'à l'obtention d'une pâte homogène. Délayez avec le lait d'amande petit à petit pour obtenir une pâte sans grumeaux. Ajoutez le sirop d'orgeat et remuez de nouveau.

Préchauffez le four à 190 °C (th. 6-7). Pelez les pommes et les poires, coupez-les en 4 et retirez les trognons. À l'aide d'une mandoline ou d'un couteau bien aiguisé, tranchez les pommes et les poires dans le sens de la longueur en lamelles de 2 mm d'épaisseur. Incorporez-les au fur et à mesure à la pâte en remuant délicatement : les lamelles s'enrobent de pâte.

Beurrez le moule et saupoudrez-le du reste de sucre. Versez les lamelles de fruits dans le moule, tassez et lissez avec le dos d'une cuillère. Enfournez pour 55 minutes. Vérifiez la cuisson avec la pointe d'un couteau : si elle s'enfonce facilement, les fruits sont assez tendres.

Laissez refroidir le gâteau à température ambiante avant de le démouler, puis conservez-le au frais (au moins 2 heures).

Au moment de servir, faites griller les amandes effilées 3 minutes à la poêle. Saupoudrez le gâteau de sucre glace et d'amandes grillées.

Notes

Remplacez la purée d'amandes blanches par une purée d'amandes complètes ou une purée de noisettes grillées.

Reine des reinettes au sarrasin

POUR 6 PETITS GÂTEAUX

Préparation : 20 min

Cuisson : 45 min

Matériel

6 ramequins

Sans gluten

1 kg de pommes (reine des reinettes)

30 g de beurre + un peu pour les ramequins

1 œuf

60 g de sucre de canne complet

75 g de farine de sarrasin

Faites fondre le beurre à feu doux dans une petite casserole, puis laissez-le tiédir.

Dans un grand saladier, fouettez l'œuf avec le sucre complet. Ajoutez la farine de sarrasin, la cannelle et la pincée de sel, et mélangez jusqu'à l'obtention d'une pâte homogène. Délayez petit à petit avec 15 cl d'eau pour obtenir une pâte sans grumeaux. Ajoutez le beurre fondu et remuez de nouveau.

Préchauffez le four à 190 °C (th. 6-7). Pelez les pommes, coupez-les en 4 et retirez le trognon. À l'aide d'une mandoline ou d'un couteau bien aiguisé, tranchez les pommes dans le sens de la longueur en lamelles de 2 mm d'épaisseur. Incorporez-les au fur et à mesure à la pâte en remuant délicatement : les lamelles s'enrobent de pâte.

Beurrez les ramequins et saupoudrez-les de sucre de canne blond. Versez les lamelles de pomme dans les moules et lissez avec le dos d'une cuillère. Enfournez pour 45 minutes. Vérifiez la cuisson avec la pointe d'un couteau : si elle s'enfonce facilement, les pommes sont assez tendres.

½ cuil. à café de cannelle en poudre

1 pincée de sel marin

30 g de sucre de canne blond

Dégustez les petits gâteaux tièdes ou faites-les refroidir à température ambiante.

Le petit + très gourmand

Dans une casserole, faites chauffer 75 g de sucre de canne blond à feu moyen jusqu'à ce qu'il fonde et prenne une jolie couleur ambrée. Versez 15 cl de crème fleurette en 2 fois (attention aux éventuelles éclaboussures) tout en remuant. Lorsque la sauce nappe la cuillère, sortez-la du feu et ajoutez 25 g de beurre demi-sel. Laissez tiédir avant de servir. Au moment de déguster, nappez les petits gâteaux de sauce caramel et savourez à la petite cuillère avec un peu de crème fraîche épaisse.

Vous n'avez pas le temps de préparer un caramel maison ? Utilisez un caramel au beurre salé du commerce que vous ferez tiédir.

Poire comme une Belle-Hélène

POUR 8 PERSONNES

Préparation : 30 min

Cuisson : 1 h

Réfrigération : 2 h

Matériel

Moule à cake de 28 x 10 cm

1 kg de poires williams

1 gousse de vanille

25 g de beurre + un peu pour le moule

2 œufs

85 g de sucre de canne blond

80 g de farine de blé T65

15 cl de lait

Pour le dressage

100 g de chocolat noir en morceaux

10 cl de lait

À l'aide d'un couteau, fendez la gousse de vanille en 2 et récupérez les graines. Faites fondre le beurre à feu doux dans une petite casserole, puis laissez-le tiédir.

Dans un grand saladier, fouettez les œufs avec 60 g de sucre. Ajoutez la farine et les graines de vanille. Mélangez jusqu'à l'obtention d'une pâte homogène. Délayez avec le lait petit à petit pour obtenir une pâte sans grumeaux. Ajoutez le beurre fondu et remuez de nouveau.

Préchauffez le four à 190 °C (th. 6-7). Pelez les poires, coupez-les en 4 et retirez le cœur et les pépins. À l'aide d'une mandoline ou d'un couteau bien aiguisé, tranchez les poires dans le sens de la longueur en lamelles de 2 mm d'épaisseur. Incorporez-les au fur et à mesure à la pâte en remuant délicatement : les lamelles s'enrobent de pâte.

Beurrez le moule et saupoudrez-le du reste de sucre. Versez les lamelles de poire dans le moule, tassez et lissez avec le dos d'une cuillère. Enfournez pour 1 heure. Vérifiez la cuisson avec la pointe d'un couteau : si la lame s'enfonce facilement, les poires sont assez tendres.

Laissez refroidir le gâteau à température ambiante avant de le démouler, puis conservez-le au frais (au moins 2 heures).

Juste avant de servir, préparez le coulis de chocolat en faisant fondre au bain-marie le chocolat avec le lait, et réservez. Présentez le gâteau en tranches individuelles nappées de coulis chaud de chocolat.

Le petit + très gourmand

Accompagnez le gâteau d'une boule de glace à la vanille, de chantilly et d'amandes grillées.

Poire châtaigne

POUR 6 PERSONNES

Préparation : 20 min

Cuisson : 50 min

Réfrigération : 2 h

Matériel

Moule rond de 20 cm de diamètre

Sans gluten

1 kg de poires (comice, conférence, louise-bonne)

2 œufs

70 g de sucre de canne blond

75 g de farine de châtaigne

3 cuil. à soupe de crème de marrons

Un peu de beurre pour le moule

Dans un grand saladier, fouettez les œufs avec 45 g de sucre. Ajoutez la farine et la crème de marrons. Mélangez jusqu'à l'obtention d'une pâte homogène. Délayez petit à petit avec 15 cl d'eau pour obtenir une pâte sans grumeaux.

Préchauffez le four à 190 °C (th .6-7). Pelez les poires, coupez-les en 4 et retirez le cœur et les pépins. À l'aide d'une mandoline ou d'un couteau bien aiguisé, tranchez les poires en lamelles de 2 mm d'épaisseur. Incorporez-les au fur et à mesure à la pâte en remuant délicatement : les lamelles s'enrobent de pâte.

Beurrez le moule et saupoudrez-le du reste de sucre. Versez les lamelles de poire dans le moule, tassez et lissez avec le dos d'une cuillère. Enfournez pour 50 minutes. Vérifiez la cuisson avec la pointe d'un couteau : si la lame s'enfonce facilement, les poires sont assez tendres.

Faites refroidir le gâteau à température ambiante avant de le démouler, puis conservez-le au frais (au moins 2 heures).

Le petit + très gourmand

Au moment de servir, saupoudrez de cacao, de brisures de marrons glacés et accompagnez d'une boule de glace au chocolat.

Coing et gingembre au lait de noisette

POUR 8 PERSONNES

Préparation : 30 min

Cuisson : 45 min

Réfrigération : 2 h

Matériel

Moule rond de 22 cm de diamètre

1 kg de coings

30 g de gingembre confit

½ cuil. à café de vanille en poudre

2 œufs

105 g de sucre de canne blond

70 g de purée de noisettes

70 g de farine de blé T65 (ou T80)

Un peu de beurre pour le moule

Coupez le gingembre confit en tout petits morceaux. Épluchez les coings, coupez-les en 4 et ôtez le trognon. À l'aide d'un couteau bien aiguisé, tranchez les coings en lamelles les plus fines possible.

Faites cuire les lamelles de coing avec 10 cl d'eau dans une casserole, à feu moyen et à couvert pendant 15 minutes.

Dans un grand saladier, fouettez les œufs avec 80 g de sucre, la vanille et la purée de noisettes. Ajoutez la farine et mélangez jusqu'à l'obtention d'une pâte homogène. Délayez petit à petit avec 10 cl d'eau pour obtenir une pâte sans grumeaux. Ajoutez le gingembre et remuez de nouveau.

Préchauffez le four à 190 °C (th. 6-7). Incorporez les lamelles de coing cuites à la pâte et remuez délicatement.

Beurrez le moule et saupoudrez-le du reste de sucre. Versez la préparation dans le moule, tassez et lissez avec le dos d'une cuillère. Enfournez pour 45 minutes. Vérifiez la cuisson avec la pointe d'un couteau : si elle s'enfonce facilement, les coings sont assez tendres.

Faites refroidir le gâteau à température ambiante avant de le démouler, puis conservez-le au réfrigérateur (au moins 2 heures).

Notes

Remplacez la purée de noisettes par une purée d'amandes complète.
Et pour une saveur encore plus piquante, ajoutez une ½ cuillerée à café de gingembre en poudre dans la pâte.

... les sucrés exotiques

Mangue, cardamome et coriandre

POUR 6 PERSONNES

Préparation : 20 min

Cuisson : 55 min

Réfrigération : 2 h

Matériel

Moule carré de 20 cm de côté

2 mangues (1 kg)

30 g de beurre + un peu pour le moule

2 œufs

60 g de sucre de canne blond

60 g de farine de blé T65 + un peu pour le moule

40 g de semoule de blé

1 cuil. à café de cardamome en poudre

½ cuil. à café de coriandre en poudre

10 cl de lait

Faites fondre le beurre à feu doux dans une petite casserole, puis laissez-le tiédir.

Dans un grand saladier, fouettez les œufs avec le sucre. Ajoutez la farine, la semoule de blé et les épices. Mélangez jusqu'à l'obtention d'une pâte homogène. Délayez petit à petit avec le lait pour obtenir une pâte sans grumeaux. Ajoutez le beurre fondu et remuez de nouveau.

Préchauffez le four à 190 °C (th. 6-7). Épluchez les mangues. À l'aide d'une mandoline ou d'un couteau bien aiguisé, coupez-les en tranches de 2 mm d'épaisseur dans le sens de la longueur : commencez par un côté charnu, tranchez jusqu'au noyau, puis recommencez de l'autre côté. Incorporez les tranches au fur et à mesure dans la pâte en remuant délicatement : elles s'enrobent de pâte.

Beurrez et farinez le moule. Versez la préparation dans le moule, tassez et lissez avec le dos d'une cuillère. Enfournez pour 55 minutes. Vérifiez la cuisson avec la pointe d'un couteau : si elle s'enfonce facilement, les mangues sont assez tendres.

Faites refroidir le gâteau à température ambiante avant de le démouler, puis conservez-le au réfrigérateur (au moins 2 heures).

Notes

En été, remplacez la mangue par 1 kg de nectarines jaunes.

Le petit + très gourmand

Servez le gâteau accompagné d'une boule de sorbet au citron vert.

Ananas et chocolat blanc

POUR 6 PERSONNES

Préparation : 20 min

Cuisson : 1 h

Réfrigération : 2 h

Matériel

Moule rond de 20 cm de diamètre

1 ananas

15 cl de lait

35 g de beurre + un peu pour le moule

100 g de chocolat blanc

2 œufs

65 g de sucre de canne blond

90 g de farine de blé T65

Pour le dressage

Sucre glace

Dans une casserole, faites chauffer le lait avec le beurre. Ajoutez le chocolat blanc et mélangez jusqu'à ce qu'il soit fondu.

Dans un grand saladier, fouettez les œufs avec 40 g de sucre. Ajoutez la farine et mélangez bien jusqu'à l'obtention d'une pâte homogène. Délayez avec le lait au chocolat blanc pour obtenir une pâte sans grumeaux.

Préchauffez le four à 190 °C (th. 6-7). Coupez le haut et le bas de l'ananas, ôtez la peau et retirez les yeux. À l'aide d'un couteau bien aiguisé, tranchez l'ananas en fines rondelles. Avec un petit emporte-pièce, retirez le cœur de chaque tranche. Incorporez les tranches d'ananas au fur et à mesure à la pâte en remuant délicatement : les tranches s'enrobent de pâte.

Beurrez le moule et saupoudrez-le du reste de sucre. Versez les tranches d'ananas dans le moule, tassez et lissez avec le dos d'une cuillère. Enfournez pour 1 heure. Vérifiez la cuisson avec la pointe d'un couteau : si elle s'enfonce facilement, les tranches d'ananas sont assez tendres.

Laissez refroidir le gâteau à température ambiante avant de le démouler, puis conservez-le au frais (au moins 2 heures).

Au moment de servir, saupoudrez le gâteau de sucre glace.

Le petit + très gourmand

Décorez le gâteau de copeaux de chocolat blanc et de noix de coco.

Kiwi, pomme, pulpe de fruits de la Passion

POUR 6 PERSONNES

Préparation : 20 min

Cuisson : 50 min

Réfrigération : 2 h

Matériel

Moule carré de 20 cm de côté

Sans gluten

500 g de pommes

300 g de kiwis

30 g de beurre + un peu pour le moule

2 œufs

60 g de sucre de canne blond

50 g de fécule de maïs

50 g de poudre d'amandes

10 cl de lait d'amande (ou de lait)

Pour le dressage

2 fruits de la Passion

2 cuil. à soupe de sucre de canne blond

2 kiwis

Faites fondre le beurre à feu doux dans une petite casserole, puis laissez-le tiédir.

Dans un grand saladier, fouettez les œufs avec le sucre. Ajoutez la fécule de maïs, puis la poudre d'amandes. Mélangez bien jusqu'à l'obtention d'une pâte homogène. Délayez avec le lait d'amande petit à petit pour obtenir une pâte sans grumeaux. Ajoutez le beurre fondu et remuez de nouveau.

Préchauffez le four à 190 °C (th .6-7). Pelez les kiwis. À l'aide d'un couteau bien aiguisé, coupez les kiwis en fines rondelles. Pelez les pommes, coupez-les en 4 et retirez le trognon. À l'aide d'une mandoline ou d'un couteau bien aiguisé, tranchez les pommes dans le sens de la longueur en lamelles de 2 mm d'épaisseur. Incorporez les kiwis et les pommes à la pâte au fur et à mesure en remuant délicatement : les lamelles s'enrobent de pâte.

Beurrez le moule. Versez-y les lamelles de fruits, tassez et lissez avec le dos d'une cuillère. Enfournez pour 50 minutes. Vérifiez la cuisson avec la pointe d'un couteau : si elle s'enfonce facilement, les fruits sont assez tendres.

Faites refroidir le gâteau à température ambiante avant de le démouler, puis conservez-le au réfrigérateur (au moins 2 heures).

Préparez le coulis de fruits de la Passion : mettez la chair des fruits de la Passion dans une petite casserole et ajoutez le sucre. Portez à ébullition et laissez cuire 2 minutes à feu doux en remuant.

Au moment de servir, décorez le gâteau de lamelles de kiwi et nappez de coulis de fruits de la Passion.

Notes

Au printemps, remplacez les kiwis par des lamelles de fraise et servez votre gâteau accompagné d'un coulis de fruits rouges ou de cerises (voir recette p. 93).

Banane-cacahuète

POUR 8 PERSONNES

Préparation : 20 min

Cuisson : 1 h

Réfrigération : 2 h

Matériel

Moule à cake de 28 x 10 cm

6 bananes
2 œufs
75 g de sucre de canne blond
60 g de beurre de cacahuète
70 g de farine de blé T65
15 cl de lait
Un peu de beurre pour le moule

Dans un grand saladier, fouettez les œufs avec 50 g de sucre et le beurre de cacahuète. Ajoutez la farine et mélangez jusqu'à l'obtention d'une pâte homogène. Délayez petit à petit avec le lait pour obtenir une pâte sans grumeaux.

Préchauffez le four à 190 °C (th. 6-7). Épluchez les bananes et coupez-les en rondelles de 2 mm d'épaisseur à l'aide d'un couteau. Réservez-en un sixième. Incorporez-les au fur et à mesure à la pâte en remuant délicatement : les lamelles s'enrobent de pâte.

Beurrez le moule et saupoudrez-le du reste de sucre. Versez la préparation dans le moule, tassez et lissez avec le dos d'une cuillère. Déposez les rondelles de banane réservées sur le cake et enfournez pour 1 heure.

Faites refroidir le gâteau à température ambiante avant de le démouler, puis conservez-le au réfrigérateur.

Le petit + très gourmand

Au moment de servir, coupez le cake en tranches pas trop épaisses. Dans une grande poêle, faites chauffer 20 g de beurre demi-sel et faites revenir quelques minutes de chaque côté les tranches de gâteau. Servez encore chaud saupoudré de cacahuètes grossièrement hachées.

Ananas au sucre complet

POUR 8 PERSONNES

Préparation : 25 min

Cuisson : 1 h 10

Réfrigération : 2 h

Matériel

Moule à cake de 28 x 10 cm

1 ananas

50 g de beurre + un peu pour le moule

3 œufs

80 g de sucre de canne complet

75 g de farine de blé T65

10 cl de lait

2 cuil. à soupe de rhum ambré

25 g de sucre de canne blond pour le moule

Dans une petite casserole, faites fondre le beurre à feu doux, puis laissez-le tiédir.

Dans un grand saladier, fouettez les œufs avec le sucre complet. Ajoutez la farine et mélangez jusqu'à l'obtention d'une pâte homogène. Délayez avec le lait petit à petit pour obtenir une pâte sans grumeaux. Ajoutez le beurre fondu et le rhum, et remuez de nouveau.

Préchauffez le four à 200 °C (th. 6-7). Coupez le haut et le bas de l'ananas, ôtez la peau et retirez les yeux. À l'aide d'un couteau bien aiguisé, tranchez l'ananas en fines rondelles. Retirez à l'aide d'un petit emporte-pièce le cœur de chaque tranche, puis incorporez les tranches d'ananas au fur et à mesure à la pâte en remuant délicatement : elles s'enrobent de pâte.

Beurrez le moule et saupoudrez-le de sucre de canne blond. Versez les tranches d'ananas dans le moule, tassez et lissez avec le dos d'une cuillère. Enfournez pour 1 heure 10. Vérifiez la cuisson avec la pointe d'un couteau : si la lame s'enfonce facilement, les tranches d'ananas sont assez tendres.

Laissez refroidir le gâteau à température ambiante avant de le démouler, puis conservez-le au frais (au moins 2 heures).

Notes

Le sucre de canne complet (rapadura, muscovado, sucanat) est produit à partir du jus de canne déshydraté et broyé. Il n'a pas été raffiné et conserve donc les vitamines, les minéraux et les fibres de la canne à sucre. Sa saveur est puissante et rappelle celle de la réglisse et du caramel brun.

Le petit + très gourmand

Servez le gâteau en parts individuelles avec une boule de glace à la vanille ou de glace rhum-raisin.

Mangue, coco et citron vert

POUR 6 PERSONNES

Préparation : 20 min

Cuisson : 55 min

Réfrigération : 2 h

Matériel

Moule rond de 20 cm de diamètre

Sans gluten

2 mangues (1 kg)
50 g d'huile de coco
2 œufs
85 g de sucre de canne blond
75 g de fécule de maïs
30 g de noix de coco râpée
10 cl de lait de coco
Un peu de beurre pour le moule

Pour le dressage

20 g de noix de coco râpée
1 citron vert bio

Dans une petite casserole, faites fondre à feu doux l'huile de coco, puis laissez-la tiédir.

Dans un grand saladier, fouettez les œufs avec 60 g de sucre. Ajoutez la fécule de maïs et la noix de coco râpée, et mélangez jusqu'à l'obtention d'une pâte homogène. Délayez petit à petit avec le lait de coco et 5 cl d'eau pour obtenir une pâte sans grumeaux. Ajoutez l'huile de coco fondue et remuez de nouveau.

Préchauffez le four à 190 °C (th. 6-7). Épluchez les mangues. À l'aide d'une mandoline ou d'un couteau bien aiguisé, coupez-les en tranches de 2 mm d'épaisseur dans le sens de la longueur : commencez par un côté charnu, tranchez jusqu'au noyau, puis recommencez de l'autre côté. Incorporez les tranches au fur et à mesure dans la pâte en remuant délicatement : elles s'enrobent de pâte.

Beurrez le moule et saupoudrez-le du reste de sucre. Versez-y la préparation, tassez et lissez avec le dos d'une cuillère. Enfournez pour 55 minutes. Vérifiez la cuisson avec la pointe d'un couteau : si elle s'enfonce facilement, les mangues sont assez tendres.

Faites refroidir le gâteau à température ambiante avant de le démouler, puis conservez-le au frais (au moins 2 heures).

Au moment de servir, saupoudrez le gâteau de noix de coco râpée et de zeste de citron vert.

Notes

Le lait de coco est fabriqué à partir de pulpe de noix de coco râpée, mélangée à de l'eau, puis pressée et filtrée. Dans le commerce, on le trouve conditionné en boîte de conserve ou en briquette. Le lait de coco bio ne contient généralement ni sucre ni additifs. Il ne faut pas confondre le lait de coco avec l'eau de coco, qui est le liquide contenu dans la noix de coco jeune et cueillie verte.

... les salés des 4 saisons

Pomme de terre aux herbes fraîches

POUR 6 PERSONNES

Préparation : 30 minutes

Cuisson : 1 heure

Matériel

Moule rond de 24 cm de diamètre

1 kg de pommes de terre

75 g de fromage à pâte pressée cuite (emmental, comté, gruyère…)

15 g d'herbes fraîches (ciboulette, persil, cerfeuil, basilic…)

1 échalote

3 œufs

3 cuil. à soupe d'huile d'olive

90 g de farine de blé T65 (ou T80)

1 cuil. à café de sel marin

8 tours de moulin à poivre

15 cl de lait

Râpez le fromage. Lavez, effeuillez et ciselez les herbes. Pelez et ciselez l'échalote.

Dans un grand saladier, fouettez les œufs avec l'huile d'olive. Ajoutez la farine, les herbes ciselées et l'échalote, le sel et le poivre. Mélangez jusqu'à l'obtention d'une pâte homogène. Délayez avec le lait petit à petit pour obtenir une pâte sans grumeaux. Ajoutez 50 g de fromage râpé et remuez de nouveau.

Préchauffez le four à 190 °C (th .6-7). Épluchez les pommes de terre. À l'aide d'une mandoline ou d'un couteau bien aiguisé, tranchez les pommes de terre en rondelles de 2 mm d'épaisseur. Déposez-les au fur et à mesure dans la pâte et remuez délicatement : les rondelles s'enrobent de pâte.

Chemisez le moule de papier cuisson. Versez les lamelles de pomme de terre dans le moule, tassez et lissez avec le dos d'une cuillère. Saupoudrez avec le reste de fromage râpé et enfournez pour 1 heure. Vérifiez la cuisson avec la pointe d'un couteau : si elle s'enfonce facilement, les pommes de terre sont assez tendres.

Dégustez le gâteau tiède ou faites-le refroidir à température ambiante avant de le démouler, puis conservez-le au frais jusqu'à la dégustation.

Notes

Lorsque le gâteau est complètement refroidi, découpez de jolies parts qui viendront garnir votre lunch-box. Pour un déjeuner équilibré, préparez une *green salad* (voir recette p. 92).

Navet et carotte primeur, miel et chèvre

POUR 6 PERSONNES

Préparation : 25 min

Cuisson : 50 min

Matériel

Moule carré de 22 cm de côté

500 g de navets nouveaux en botte

500 g de carottes nouvelles en botte

1 bûche de chèvre

3 œufs

3 cuil. à soupe d'huile d'olive

1 cuil. à soupe de miel liquide

90 g de farine de blé T65 (ou T80)

1 cuil. à café d'herbes de Provence

1 cuil. à café de sel marin

6 tours de moulin à poivre

10 cl de lait (de vache ou de chèvre)

Coupez le chèvre en tranches pas trop épaisses. Dans un grand saladier, fouettez les œufs avec l'huile d'olive et le miel. Ajoutez la farine, les herbes de Provence, le sel et le poivre. Mélangez jusqu'à l'obtention d'une pâte homogène. Délayez avec le lait petit à petit pour obtenir une pâte sans grumeaux.

Préchauffez le four à 190 °C (th. 6-7). Pelez les navets et les carottes. À l'aide d'une mandoline ou d'un couteau bien aiguisé, tranchez-les en rondelles de 2 mm d'épaisseur. Incorporez-les au fur et à mesure dans la pâte en remuant délicatement : les rondelles s'enrobent de pâte.

Chemisez le moule de papier cuisson. Versez la moitié de la préparation dans le moule. Répartissez les tranches de chèvre et recouvrez avec le reste de pâte. Enfournez pour 50 minutes. Vérifiez la cuisson avec la pointe d'un couteau : si elle s'enfonce facilement, les légumes sont assez tendres.

Dégustez le gâteau tiède ou faites-le refroidir à température ambiante avant de le démouler, puis conservez-le au frais jusqu'à la dégustation.

Avec du quinoa aux graines germées

250 g de quinoa • ½ cuil. à café de sel • 75 g de graines germées (alfalfa, radis, cresson...) • 1 cuil. à soupe de moutarde à l'ancienne • 1 cuil. à soupe de vinaigre de vin • 3 cuil. à soupe d'huile d'olive

Rincez abondamment le quinoa à l'eau froide. Versez-le dans une casserole avec 45 cl d'eau et le sel. Portez à ébullition, puis laissez cuire à feu moyen 10 minutes environ. Retirez du feu et laissez gonfler le quinoa à couvert pendant 5 minutes. Laissez refroidir à température ambiante. Préparez la vinaigrette en mélangeant la moutarde, le vinaigre et l'huile. Salez et poivrez à votre convenance. Mélangez le quinoa avec la vinaigrette et parsemez de graines germées.

Patate douce et champignons persillés

POUR 6 PERSONNES

Préparation : 25 min

Cuisson : 1 h

Matériel

Moule carré de 20 cm de côté

400 g de patate douce

400 g de champignons de Paris

½ botte de persil frisé ou plat

3 gousses d'ail

3 œufs

5 cl d'huile d'olive

75 g de farine de blé T80 (ou T65)

1 cuil. à café de sel marin

8 tours de moulin à poivre

10 cl de lait (ou de lait d'amande)

Lavez et effeuillez le persil. Pelez les gousses d'ail et retirez les germes. Hachez finement le persil et l'ail ensemble.

Dans un grand saladier, fouettez les œufs avec l'huile d'olive. Ajoutez la farine, la persillade, le sel et le poivre. Mélangez jusqu'à l'obtention d'une pâte homogène. Délayez avec le lait petit à petit pour obtenir une pâte sans grumeaux.

Préchauffez le four à 190 °C (th .6-7). Pelez la patate douce. À l'aide d'une mandoline ou d'un couteau bien aiguisé, tranchez-la en rondelles de 2 mm d'épaisseur. Déposez les rondelles au fur et à mesure dans la pâte en remuant délicatement.

Coupez les champignons en fines lamelles et déposez-les dans la pâte avec les rondelles de patate douce. Remuez délicatement de manière que la pâte enrobe bien toutes les tranches de légumes.

Chemisez le moule de papier cuisson. Versez la préparation dans le moule, tassez et lissez avec le dos d'une cuillère. Enfournez pour 1 heure. Vérifiez la cuisson avec la pointe d'un couteau : si elle s'enfonce facilement, les légumes sont assez tendres.

Dégustez le gâteau tiède ou laissez-le refroidir à température ambiante avant de le démouler, puis mettez-le au frais jusqu'au moment de servir.

Notes

Lorsque le gâteau est complètement refroidi, découpez de petits cubes. Servez-les sur une ardoise à l'heure de l'apéritif.

Pomme de terre, câpres, ail et oignon

POUR 6 PERSONNES

Préparation : 25 min

Cuisson : 1 h 10

Matériel

Moule à cake

1 kg de pommes de terre

2 oignons

2 gousses d'ail

4 cuil. à soupe d'huile d'olive

3 œufs

90 g de farine de blé T65 (ou T80) + un peu pour le moule

2 pincées de piment d'Espelette

15 cl de lait

1 cuil. à café de sel marin

2 cuil. à soupe de petites câpres

Pelez et émincez finement les oignons et les gousses d'ail. Faites-les revenir dans 1 cuillerée à soupe d'huile d'olive pendant 5 minutes.

Dans un grand saladier, fouettez les œufs avec le reste d'huile. Ajoutez la farine, le sel et le piment d'Espelette. Mélangez jusqu'à l'obtention d'une pâte homogène. Délayez avec le lait petit à petit pour obtenir une pâte sans grumeaux. Ajoutez les câpres, les oignons et l'ail, et remuez de nouveau.

Préchauffez le four à 190 °C (th .6-7). Épluchez les pommes de terre. À l'aide d'une mandoline ou d'un couteau bien aiguisé, tranchez les pommes de terre en rondelles de 2 mm d'épaisseur. Déposez-les au fur et à mesure dans la pâte en remuant délicatement : les rondelles s'enrobent de pâte.

Chemisez le moule de papier cuisson. Versez les lamelles de pomme de terre dans le moule, tassez et lissez avec le dos d'une cuillère. Enfournez pour 1 heure 10. Vérifiez la cuisson avec la pointe d'un couteau : si elle s'enfonce facilement, les pommes de terre sont assez tendres.

Laissez tiédir le gâteau à température ambiante avant de le démouler, puis conservez-le au frais si vous souhaitez le déguster froid.

Le petit + très gourmand

Recouvrez le gâteau invisible de 50 g de parmesan râpé avant de l'enfourner.

Courgette-feta

POUR 6 PERSONNES

Préparation : 20 min

Cuisson : 1 h

Matériel

Moule à cake de 28 x 10 cm

600 g de courgettes
120 g de feta
2 œufs
2 cuil. à soupe d'huile d'olive
2 cuil. à soupe de tahin (purée de sésame)
80 g de farine de blé T80 (ou T65)
1 cuil. à soupe de graines de sésame blond
2 cuil. à café de thym
¾ de cuil. à café de sel marin
6 tours de moulin à poivre
10 cl de lait (ou de lait végétal)

Émiettez la feta et réservez.

Dans un grand saladier, fouettez les œufs avec l'huile d'olive et le tahin. Ajoutez la farine, les graines de sésame, le thym, le sel et le poivre. Mélangez jusqu'à l'obtention d'une pâte homogène. Délayez avec le lait petit à petit pour obtenir une pâte sans grumeaux. Ajoutez la feta émiettée et remuez de nouveau.

Préchauffez le four à 190 °C (th .6-7). Lavez les courgettes et retirez les extrémités. À l'aide d'une mandoline ou d'un couteau bien aiguisé, tranchez-les dans le sens de la longueur en lamelles de 3 mm d'épaisseur. Déposez les lamelles de courgette au fur et à mesure dans la pâte en remuant délicatement.

Chemisez le moule de papier cuisson. Déposez les lamelles de courgette dans le moule en répartissant au besoin un peu de pâte. Enfournez pour 1 heure. Vérifiez la cuisson avec la pointe d'un couteau : la lame doit s'enfoncer facilement.

Laissez tiédir à température ambiante avant de démouler le gâteau, puis conservez-le au frais si vous souhaitez le déguster froid.

Avec un couscous amandes, raisins et cumin

250 g de semoule de couscous blanc ou demi complet
2 cuil. à soupe d'huile d'olive • ½ cuil. à café de sel
25 g de raisins secs • 20 g d'amandes effilées

Dans une casserole, versez 30 cl d'eau, l'huile d'olive et le sel. Portez à ébullition et éteignez le feu. Versez en pluie la semoule de couscous, ajoutez les raisins secs et les amandes effilées, puis remuez à l'aide une fourchette. Couvrez et laissez gonfler 5 minutes. Enfin, égrainez la semoule à la fourchette en y faisant fondre éventuellement une noix de beurre. Servez immédiatement.

Topinambour et champignons à la moutarde

POUR 8 MUFFINS

Préparation : 25 min

Cuisson : 40 min

Matériel

Moules à muffins (ou ramequins)

300 g de topinambours
300 g de champignons de Paris
2 œufs
2 cuil. à soupe d'huile d'olive
80 g de farine 5 céréales (ou de seigle)
2 cuil. à soupe de moutarde de Dijon
2 cuil. à café de graines de moutarde
½ cuil. à café d'ail en poudre
¾ de cuil. à café de sel marin
6 tours de moulin à poivre
10 cl de lait
Un peu de beurre et de farine pour les moules

Dans un grand saladier, fouettez les œufs avec l'huile d'olive. Ajoutez la farine, la moutarde, les graines de moutarde, l'ail en poudre, le sel et le poivre. Mélangez bien jusqu'à l'obtention d'une pâte homogène. Délayez avec le lait petit à petit pour obtenir une pâte sans grumeaux.

Préchauffez le four à 190 °C (th .6-7). Pelez les topinambours. À l'aide d'une mandoline ou d'un couteau bien aiguisé, tranchez-les en rondelles de 2 mm d'épaisseur. Déposez les rondelles au fur et à mesure dans la pâte en remuant délicatement.

Coupez les champignons en fines lamelles et déposez-les dans la pâte avec les rondelles de topinambour. Remuez délicatement de manière que la pâte enrobe bien les tranches de légumes.

Beurrez et farinez les moules à muffins. Versez la pâte dans les moules, tassez et lissez avec le dos d'une cuillère. Enfournez pendant 40 minutes. Vérifiez la cuisson avec la pointe d'un couteau : si elle s'enfonce facilement, les légumes sont assez tendres.

Dégustez les muffins tièdes ou faites-les refroidir à température ambiante, puis conservez-les au frais jusqu'à leur dégustation.

Notes

Le topinambour, gros tubercule tout bosselé, originaire d'Amérique du Nord, est arrivé en Europe au XVIIe siècle. Sa production connut un pic pendant la Seconde Guerre mondiale : il remplace les pommes de terre réquisitionnées pour nourrir les soldats. Oublié depuis, il revient aujourd'hui dans nos assiettes. Avec son goût délicat d'artichaut, il se déguste cru en salade ou cuit, en soupe, gratin ou poêlée.

Panais-coco à la cardamome

POUR 8 PERSONNES

Préparation : 25 min

Cuisson : 50 min

Matériel

Moule rond de 22 cm de diamètre

Sans gluten

800 g de panais

50 g d'huile de coco

3 œufs

75 g de fécule de maïs

20 g de noix de coco râpée

½ cuil. à café de cardamome moulue

1 cuil. à café de sel marin

4 tours de moulin à poivre

10 cl de lait de coco

Faites fondre à feu doux, dans une petite casserole, l'huile de coco. Puis laissez-la tiédir.

Dans un grand saladier, fouettez les œufs avec l'huile de coco. Ajoutez la fécule de maïs, la noix de coco râpée, la cardamome, le sel et le poivre. Mélangez jusqu'à l'obtention d'une pâte homogène. Délayez petit à petit avec le lait de coco et 10 cl d'eau pour obtenir une pâte sans grumeaux.

Préchauffez le four à 190 °C (th .6-7). Pelez les panais. À l'aide d'une mandoline ou d'un couteau bien aiguisé, tranchez-les en rondelles de 2 mm d'épaisseur. Déposez-les au fur et à mesure dans la pâte et remuez délicatement : les rondelles s'enrobent de pâte.

Chemisez le moule de papier cuisson. Versez les lamelles de panais dans le moule, tassez et lissez avec le dos d'une cuillère. Enfournez pour 50 minutes. Vérifiez la cuisson avec la pointe d'un couteau : si elle s'enfonce facilement, les panais sont assez tendres.

Dégustez le gâteau tiède ou laissez-le refroidir à température ambiante avant de le démouler, puis conservez-le au frais jusqu'au moment de servir.

Notes

Ne choisissez pas des panais de trop grosse taille.
Préférez-les de taille moyenne : leur cœur sera plus tendre.

Pomme de terre au bleu du Vercors-Sassenage

POUR 6 PERSONNES

Préparation : 25 min

Cuisson : 1 h

Matériel

Moule rond de 24 cm de diamètre

1 kg de pommes de terre

250 à 300 g de bleu du Vercors-Sassenage

25 g de beurre

1 oignon

1 cuil. à soupe d'huile d'olive

3 œufs

90 g de farine de blé T65 (ou T80)

1 cuil. à café de sel marin

10 tours de moulin à poivre

10 cl de lait

Faites fondre le beurre à feu doux dans une petite casserole, puis laissez-le tiédir. Pelez l'oignon et émincez-le finement. Faites-le revenir à feu moyen dans l'huile d'olive pendant 5 minutes. Coupez le fromage en tranches d'un demi-centimètre.

Dans un grand saladier, fouettez les œufs avec le beurre fondu. Ajoutez la farine, le sel et le poivre. Mélangez jusqu'à l'obtention d'une pâte homogène. Délayez avec le lait petit à petit pour obtenir une pâte sans grumeaux. Ajoutez l'oignon et remuez de nouveau.

Préchauffez le four à 190 °C (th .6-7). Épluchez les pommes de terre. À l'aide d'une mandoline ou d'un couteau bien aiguisé, tranchez les pommes de terre en rondelles de 2 mm d'épaisseur. Déposez-les au fur et à mesure dans la pâte en remuant délicatement : les rondelles s'enrobent de pâte.

Chemisez le moule de papier cuisson. Versez la moitié de la préparation dans le moule. Répartissez les tranches de bleu du Vercors-Sassenage et recouvrez avec le reste de pommes de terre. Enfournez pour 1 heure. Vérifiez la cuisson avec la pointe d'un couteau : si elle s'enfonce facilement, les pommes de terre sont assez tendres.

Dégustez le gâteau tiède ou laissez-le refroidir à température ambiante avant de le démouler, puis conservez-le au frais jusqu'au moment de le servir.

Notes

À défaut de bleu du Vercors-Sassenage, remplacez-le par de la fourme d'Ambert, du morbier ou du fromage à raclette nature, fumé ou à la moutarde. Quelques tranches fines de jambon cru trouveront bien évidemment leur place dans ce gâteau invisible !

Légumes anciens à l'ossau-iraty

POUR 6 PERSONNES

Préparation : 30 min

Cuisson : 1 h

Matériel

Moule rond de 24 cm de diamètre

400 g de topinambours

200 g de panais

300 g de rutabagas

2 échalotes

120 g d'ossau-iraty

3 œufs

5 cl d'huile d'olive

90 g de farine d'avoine complète

¼ de cuil. à café de noix de muscade moulue

1 cuil. à café de sel marin

6 tours de moulin à poivre

15 cl de lait

Pelez et ciselez les échalotes. Râpez l'ossau-iraty avec la râpe à gros trous.

Dans un grand saladier, fouettez les œufs avec l'huile d'olive. Ajoutez la farine, la noix de muscade, le sel et le poivre. Mélangez jusqu'à l'obtention d'une pâte homogène. Délayez avec le lait petit à petit pour obtenir une pâte sans grumeaux. Ajoutez les échalotes ciselées et le fromage râpé et remuez de nouveau.

Préchauffez le four à 190 °C (th .6-7). Pelez les topinambours, les panais et les rutabagas. À l'aide d'une mandoline ou d'un couteau bien aiguisé, tranchez les légumes en rondelles de 2 mm d'épaisseur. Déposez-les au fur et à mesure dans la pâte en remuant délicatement : les rondelles s'enrobent de pâte.

Chemisez le moule de papier cuisson. Versez les rondelles de légumes dans le moule, tassez et lissez avec le dos d'une cuillère. Enfournez pour 1 heure. Vérifiez la cuisson avec la pointe d'un couteau : si elle s'enfonce facilement, les légumes sont assez tendres.

Dégustez le gâteau tiède ou faites-le refroidir à température ambiante avant de le démouler, puis conservez-le au frais jusqu'au moment de servir.

Notes

On les redécouvre depuis quelques années, ces légumes-racines oubliés des potagers de nos grands-parents : panais, rutabagas, topinambours… Le panais fait penser à une grosse carotte blanche et sa chair est légèrement sucrée. Le rutabaga ressemble à un navet, avec sa peau beige et son collet violacé ou vert et sa chair jaune. Le topinambour, tout bosselé, a un petit goût d'artichaut qui plaît beaucoup !

Céleri-rave et tapenade noire

POUR 8 MUFFINS

Préparation : 20 min

Cuisson : 40 min

Matériel

Moules à muffins

400 g de céleri-rave

200 g de pommes de terre

2 œufs

2 cuil. à soupe d'huile d'olive

50 g de farine 5 céréales

3 cuil. à soupe de tapenade noire

¾ de cuil. à café de sel marin

4 tours de moulin à poivre

5 cl de lait

Un peu de beurre et de farine pour les moules

Dans un grand saladier, fouettez les œufs avec l'huile d'olive. Ajoutez la farine, la tapenade, le sel et le poivre. Mélangez bien jusqu'à l'obtention d'une pâte homogène. Délayez avec le lait petit à petit pour obtenir une pâte sans grumeaux.

Préchauffez le four à 190 °C (th .6-7). Épluchez le céleri-rave et coupez-le en 4. À l'aide d'une mandoline ou d'un couteau bien aiguisé, tranchez les quartiers de céleri dans la hauteur en lamelles de 2 mm d'épaisseur. Déposez les lamelles au fur et à mesure dans la pâte et remuez délicatement.

Épluchez les pommes de terre. À l'aide d'une mandoline ou d'un couteau bien aiguisé, tranchez-les en rondelles de 2 mm d'épaisseur et ajoutez-les aux lamelles de céleri dans la pâte.

Beurrez et farinez les moules à muffins. Versez la pâte dans les moules, tassez et lissez avec le dos d'une cuillère. Enfournez pour 40 minutes. Vérifiez la cuisson avec la pointe d'un couteau : si elle s'enfonce facilement, les légumes sont assez tendres.

Dégustez les muffins tièdes ou laissez-les refroidir à température ambiante, puis conservez-les au frais jusqu'au moment de servir.

Notes

Vous pouvez varier la saveur de ces muffins invisibles en remplaçant la tapenade noire par une tapenade aux olives vertes, un pesto de basilic ou un pesto rosso.

Butternut au quatre-épices

POUR 6 PERSONNES

Préparation : 20 min

Cuisson : 50 min

Matériel

Moule carré de 20 cm de côté

800 g de courge butternut

120 g de comté

3 œufs

2 cuil. à soupe d'huile d'olive

80 g de farine de blé T65 (ou T80)

½ cuil. à café d'un mélange quatre-épices

½ cuil. à café de sel marin

4 tours de moulin à poivre

15 cl de lait

Râpez le comté.

Dans un grand saladier, fouettez les œufs avec l'huile d'olive. Ajoutez la farine, le mélange quatre-épices, le sel et le poivre. Mélangez bien jusqu'à l'obtention d'une pâte homogène. Délayez avec le lait petit à petit pour obtenir une pâte sans grumeaux. Ajoutez 100 g de comté râpé et remuez de nouveau.

Préchauffez le four à 190 °C (th .6-7). Retirez la peau de la courge butternut. À l'aide d'une mandoline ou d'un couteau bien aiguisé, tranchez la courge en rondelles de 2 mm d'épaisseur. Déposez les rondelles au fur et à mesure dans la pâte en remuant délicatement afin qu'elles s'enrobent de pâte.

Chemisez le moule de papier cuisson. Versez les lamelles de butternut dans le moule, tassez et lissez avec le dos d'une cuillère. Saupoudrez avec le reste de fromage râpé. Enfournez pour 50 minutes. Vérifiez la cuisson avec la pointe d'un couteau : si la lame s'enfonce facilement, les lamelles de courge sont assez tendres.

Laissez tiédir le gâteau à température ambiante avant de le démouler, puis conservez-le au frais si vous souhaitez le déguster froid.

Notes

Dans la pâte, remplacez le comté par du gorgonzola et le quatre-épices par 2 cuillerées à café d'origan séché.

Carotte et rutabaga à l'indienne

POUR 6 PERSONNES

Préparation : 25 min

Cuisson : 1 h

Matériel

Moule carré de 20 cm de côté

Sans gluten

450 g de rutabagas
450 g de carottes
1 oignon
1 gousse d'ail
3 œufs
3 cuil. à soupe d'huile de tournesol
100 g de fromage à tartiner
90 g de farine de riz
2 cuil. à café de poudre de curry
½ cuil. à café de sel marin
4 tours de moulin à poivre
15 cl de lait (ou de lait d'amande)

Pelez l'oignon. Pelez et dégermez la gousse d'ail. Hachez finement l'oignon et l'ail ensemble.

Dans un grand saladier, fouettez les œufs avec l'huile de tournesol et le fromage. Ajoutez la farine de riz, le curry, le sel et le poivre. Mélangez jusqu'à l'obtention d'une pâte homogène. Délayez avec le lait petit à petit pour obtenir une pâte sans grumeaux. Ajoutez l'oignon et l'ail, et remuez de nouveau. Répartissez équitablement la pâte dans deux saladiers.

Préchauffez le four à 190 °C (th. 6-7). Pelez les rutabagas et les carottes. À l'aide d'une mandoline ou d'un couteau bien aiguisé, tranchez-les en rondelles de 2 mm d'épaisseur. Incorporez les rutabagas dans un saladier de pâte et les carottes dans l'autre. Remuez délicatement afin que les rondelles s'enrobent de pâte.

Chemisez le moule de papier cuisson. Versez-y la pâte aux carottes, puis celle contenant les rutabagas. Tassez et lissez avec le dos d'une cuillère et enfournez pour 1 heure. Vérifiez la cuisson avec la pointe d'un couteau : si elle s'enfonce facilement, les légumes sont assez tendres.

Dégustez le gâteau tiède ou laissez-le refroidir à température ambiante avant de le démouler, puis conservez-le au frais jusqu'au moment de servir.

Notes

Remplacez les rutabagas par des navets boule d'or. Ce navet tout rond, à la peau jaune d'or, possède une chair légèrement sucrée qui accompagnera fort bien les carottes du gâteau invisible à l'indienne.

Bon à savoir

À la fin des années 2000, Eryn, du blog « Eryn folle cuisine », partageait la recette d'un gâteau aux pommes et aux poires qu'elle appela « gâteau invisible ». « Invisible » parce que la quantité de fruits était tellement importante par rapport à la quantité de pâte que celle-ci disparaissait presque à la cuisson, pour un résultat extraordinaire à la coupe ! Depuis, le gâteau invisible a fait le tour de la blogosphère culinaire. De nombreuses personnes s'en sont inspirées pour imaginer des gâteaux ultra-fruités, légers et fondants.

Les gâteaux invisibles étant constitués à 80 % de fruits et de légumes, ils varieront en fonction des saisons de leurs ingrédients de base. Riches en vitamines et minéraux, en eau et en fibres, les fruits et les légumes procurent vitalité, énergie et bien-être. On préférera ceux qui sont issus d'une agriculture biologique et locale. Moins gonflés d'eau et plus riches en fibres, cueillis à maturité, ces légumes et ces fruits-là sont plus savoureux et de meilleure qualité nutritive.

20 % de pâte saine et gourmande ! Des œufs bio ou de plein air, des farines de blé et d'autres céréales aux saveurs et parfums particuliers, du sucre de canne complet, des laits végétaux apportent de bons nutriments pour des gâteaux invisibles sains et légers. Pour des saveurs subtiles, fraîches ou piquantes, on pioche dans la riche palette aromatique des épices et des herbes : piment, poivre, cannelle, cumin, coriandre, gingembre, vanille, ail, thym, origan, ... Sans oublier les hydrolats et les alcools !

Pour des gâteaux sans gluten, vous pouvez remplacer les farines classiques par de la fécule de maïs, de la farine de riz ou un mélange de farines sans gluten du commerce ou fait maison.

Certaines recettes utilisent du beurre. Vous pouvez le remplacer par de l'huile d'olive (10 g de beurre = 10 ml d'huile) ou par un mélange 50/50 de purée d'oléagineux et d'huile ou de lait végétal.

On choisira des pommes, des poires et des pommes de terre à chair ferme, pour un gâteau invisible d'autant plus extraordinaire que l'on distinguera à sa coupe les lamelles de fruits et de légumes.

Pommes	ariane, braeburn, elstar, jonagold jonagored, gala, golden, Pink Lady®, pomme du Limousin AOP, reine des reinettes
Poires	comice, conférence, guyot, louise-bonne, williams rouge, williams verte
Pommes de terre	amandine, annabelle, belle de Fontenay, BF 15, charlotte, chérie, franceline, nicola, pompadour, ratte, roseval

Pour des variantes salées avec de la viande et du poisson, vous pouvez répartir au centre du gâteau des tranches de jambon cru ou cuit, des tranches de saumon ou de truite fumés, des filets de sardines à l'huile.

Les gâteaux invisibles se dégustent à toute heure ! Sucrés, ils seront tout autant appréciés au dessert ou au goûter qu'au petit déjeuner où ils apportent leur dose de vitamines. Salés, ils accompagneront facilement une viande ou un poisson.

Pour un repas végétarien, mariez-les à des céréales (semoule de couscous, boulgour de sarrasin, quinoa…) ou des salades de crudités. Froids, ils s'emporteront aisément en pique-nique ou dans la lunch-box. Coupés en petits cubes, ils apporteront une touche d'originalité à vos apéritifs !

Rien ne se perd : s'il vous reste une ou deux parts de gâteaux invisibles sucrés, vous pouvez les mixer en ajoutant un peu de lait… et préparer un smoothie onctueux ! Comptez 20 cl de laitage (lait ou lait végétal) pour une part de gâteau.

Les petits plus gourmands

Voici d'autres suggestions d'accompagnements, salés ou sucrés, pour vos gâteaux...

Green salad

2 bulbes de fenouil • 2 branches de céleri • 2 poignées de jeunes pousses d'épinards
1 petite salade verte • 2 avocats mûrs et fermes • 1 citron jaune • 6 cuil. à soupe d'huile d'olive
2 pincées de sel • quelques tours de moulin à poivre • 2 cuil. à soupe de graines de courge

Lavez les fenouils, retirez les premières côtes des bulbes et émincez-les finement. Lavez les branches de céleri et taillez-les en fines rondelles. Lavez, essorez et coupez en lanières les feuilles d'épinard et de salade. Pelez et coupez les avocats en morceaux.

Préparez la vinaigrette : dans un bol, pressez le citron et mélangez-le avec l'huile d'olive, le sel et le poivre.

Mélangez les crudités dans un grand saladier. Parsemez de graines de courge et arrosez de vinaigrette.

Riz pilaf

360 g de riz (blanc ou noir) • 25 g de beurre • 2 oignons • 1 tablette de bouillon de légumes
2 cuil. à soupe d'huile d'olive

Dans une casserole, faites chauffer l'huile et le beurre. Ajoutez les oignons finement ciselés et faites-les suer 5 minutes jusqu'à ce qu'ils deviennent translucides.

Ajoutez le riz et mélangez à l'aide d'une cuillère en bois pour bien enrober les grains de matière grasse. Versez 60 cl d'eau, ajoutez la tablette de bouillon et portez doucement à frémissement. Couvrez et laissez cuire 15 minutes à feu doux.

On peut parfumer le riz pilaf en ajoutant des épices et des herbes séchées : curry, cumin, coriandre, thym...

Coulis de fraises, de framboises ou de fruits rouges

250 g de fraises ou de framboises ou un mélange de fruits rouges (fraises, framboises, cassis, groseilles…) • 25 à 75 g de sucre glace (en fonction de l'acidité des fruits et de votre goût) le jus d'½ citron jaune

Rincez les fruits puis équeutez ou égrappez. Mixez et passez au chinois pour ne récupérer que la pulpe des fruits rouges sans les grains.

Ajoutez le sucre et le jus de citron, puis mélangez.

Conservez au réfrigérateur jusqu'au moment de servir.

Coulis de cerises

300 g de cerises dénoyautées (fraîches ou surgelées) • 50 g de sucre de canne blond

Mettez les cerises dans une casserole avec le sucre et 5 cl d'eau.

Faites cuire 10 minutes à petits bouillons.

Mixez pour obtenir un coulis onctueux.

Sauce chocolat blanc, au lait ou noir

100 g de chocolat • 1 cuil. à soupe rase de fécule de maïs

Mettez le chocolat dans une casserole avec 15 cl d'eau et faites-le fondre à feu moyen en remuant au fouet.

Ajoutez la fécule diluée dans 1 cuillerée à soupe d'eau et mélangez jusqu'à épaississement.

Mesures utiles

1 NOISETTE DE BEURRE =
4 grammes

1 NOIX DE BEURRE = 15 grammes

1 CUILLÈRE À CAFÉ =
→ **5** grammes de sel, sucre ou huile
→ **7** grammes de beurre
→ **0,5** cl de liquide
→ **5** grammes de farine ou de semoule

1 CUILLÈRE À SOUPE =
→ **15** grammes de sucre, farine ou beurre
→ **12** grammes de crème fraîche ou huile
→ **1,5** cl de liquide
→ **3** cuillères à café

1 PINCÉE DE SEL =
0,3 à **0,5** gramme

1 MORCEAU DE SUCRE =
5 grammes

Températures du four

THERMOSTAT	TEMPÉRATURE APPROXIMATIVE
1	**30 °C** (à peine tiède)
2	**60 °C** (tiède)
3	**90 °C** (chaleur très douce)
4	**120 °C** (chaleur douce)
5	**150 °C** (chaleur modérée)
6	**180 °C** (chaleur moyenne)
7	**210 °C** (assez chaud)
8	**240 °C** (chaud)
9	**270 °C** (très chaud)
10	**300 °C** (chaleur vive)

Index

Dans la même collection

Directeur éditorial : Didier Férat
Directrice éditoriale adjointe : Corinne Cesano
Édition : Diane Monserat
Graphisme : Julia Philipps
Mise en page : APS
Fabrication : Laurence Duboscq

Solar | un département | place des éditeurs

ISBN : 978-2-263-14566-7
Code éditeur : S14566
Dépôt légal : mai 2016
Imprimé en Espagne par Gráficas Estella

FSC
www.fsc.org
MIXTE
Issu de sources responsables
FSC® C003309